WIE MAN DAS BÜRO WIE EIN PROFESSIONELLER CHEF FÜHRT

Inhalt

3

Einführung

Die Position des Büroleiters entwickelt sich weiter. Für mich gibt es keine Frage. Bevor die Coronavirus-Epidemie begann, begann sich die Rolle zu ändern. Allerdings verändert sich die Position des Büroleiters, wenn man an einen realen oder virtuellen Arbeitsplatz zurückkehrt.

Büroleiter sind nicht mehr dafür verantwortlich, Büromaterial zu kaufen, kaputte Drucker zu reparieren oder dafür zu sorgen, dass die Mitarbeiter nach dem Mittagessen ihr Geschirr spülen. Derzeit sind sie entscheidend für die Zufriedenheit, Sicherheit, Bindung und mehr der Mitarbeiter.

In diesem Aufsatz werden die Eigenschaften, Fähigkeiten und Ressourcen untersucht, die ein fantastischer Büroleiter benötigt, um in diesem Jahr und in der Zukunft in seiner Position erfolgreich zu sein.

Die Fähigkeit, eine Kabine zu verwalten, ist von entscheidender Bedeutung, da sie dazu beitragen kann, ein produktives und angenehmes Arbeitsumfeld für Ihre Mitarbeiter zu schaffen und sie auf Erfolgskurs zu bringen. Der Einsatz fundierter Managementstrategien kann Ihnen dabei helfen, Ihre Büroräume zu verbessern und den Erfolg Ihres Unternehmens zu steigern, unabhängig davon, ob Sie Ihren Arbeitsplatz organisieren oder bei der Entwicklung und Schulung der Talente Ihrer Teammitglieder helfen. Dieser

Aufsatz erläutert den Wert einer effektiven Büroverwaltung und bietet Ihnen eine Liste praktischer Ratschläge.

Oftmals sind Sie als Büroleiter dafür verantwortlich, dass alles so reibungslos wie möglich läuft. Aber die effektive Verwaltung eines Büros kann manchmal etwas herausfordernd sein, wenn noch eine Gruppe von Menschen mit unterschiedlichen Persönlichkeiten, unterschiedlichem Büromaterial und Software sowie unzähligen Ablenkungen hinzukommt . Allerdings darf Ihnen das alles nicht verbieten. Tatsächlich sollte es als Inspiration für die Aufrechterhaltung eines sauberen Arbeitsplatzes dienen!

Bei der Führung eines Büros müssen eine Vielzahl von Verantwortlichkeiten unter einen

Hut gebracht werden. Arbeitsplatzmanager sorgen dafür, dass der Arbeitsplatz Tag für Tag, Woche für Woche, Monat für Monat und Jahr für Jahr effizient funktioniert. Es gibt mehrere Aspekte, die täglich oder umfassend berücksichtigt werden müssen. Bürobudgetierung, Bestandsverwaltung, Bestuhlung und Design, Neueinstellungen beim Einsteigen, Führen von Aufzeichnungen und andere Aufgaben stehen möglicherweise alle auf der To-Do-Liste eines Büroleiters.

Hier finden Sie einige Vorschläge für die Büroverwaltung, damit alles reibungslos läuft, wenn Sie ein Büro effektiv leiten und sowohl Ihre Führungs- als auch

Managementfähigkeiten verbessern möchten.

Zu den typischen Aufgaben einer Büroleiterposition gehören:

Der Einsatz von Technologie und Software zur Maximierung der Effizienz im Bürobetrieb.

• Verwalten Sie Offline- und Online-Ablagesysteme.

• Erstellen und pflegen Sie Arbeitsplatzbudgets.

• Halten Sie die Büroeinrichtung in gutem Zustand und führen Sie alle erforderlichen Reparaturen durch.

- Wenn das Personal an der Rezeption abwesend oder krank ist, organisieren Sie zusätzliche Hilfe.

- Beantworten Sie Kundenfragen und Beschwerden.

- Untersuchen Sie die Sicherheit am Arbeitsplatz und nehmen Sie gegebenenfalls Aktualisierungen vor.

Eine neue Definition von Büromanagement

Die Rolle eines Büroleiters ist heute aufgrund der Veränderungen in der Technologie, den Geschäftsstrukturen und den Arbeitsbedingungen im Allgemeinen komplizierter und dynamischer als je zuvor.

Arbeitsplatzmanager beaufsichtigen in vielen Unternehmen immer noch einen festen, physischen Arbeitsplatz, an dem ein Kernteam von Mitarbeitern während der regulären Geschäftszeiten arbeitet. Allerdings sind die Arbeit und die Menschen, die viele Büroleiter betreuen, über mehrere Standorte, Zeitzonen und verschiedene Arten von Arbeitsplätzen verteilt (insbesondere diejenigen, die für Technologieunternehmen arbeiten).

Dadurch entwickelt sich Ihr Job als Büroleiter in einem unvorstellbar rasanten Tempo weiter. Aufgrund dieser schnellen Veränderungen gibt es auch neue Ressourcen, Werkzeuge und Hindernisse, die überwunden werden müssen. Die

Fähigkeiten, die Sie benötigen, um in Ihrer Karriere erfolgreich zu sein, und die Aufgaben, die Ihnen übertragen werden, sind zweifellos unterschiedlich, auch wenn die Berufsbezeichnung dies möglicherweise nicht tut.

In diesem Artikel besprechen wir einige der Veränderungen, die Sie während Ihrer Karriere als Büromanager erwarten sollten, sowie einige der Schwierigkeiten, mit denen Sie wahrscheinlich regelmäßig konfrontiert werden. Darüber hinaus sprechen wir unabhängig davon, wie Ihr „Arbeitsplatz" aussieht, über die unbestreitbare Bedeutung Ihrer Position und stellen Ihnen die Ressourcen und die Ermutigung zur Verfügung, die Sie benötigen, um etwas zu bewirken.

Was ist ein Büroleiter?

Wenn wir über Büromanagement sprechen, geht es eigentlich darum, was ein Büro produktiv macht. Alle Büroleiter sind für die Planung, Koordinierung und Regulierung des Bürobetriebs verantwortlich und behalten außerdem die staatliche Aufsicht, Arbeitsvorschriften und die Zufriedenheit der Mitarbeiter im Auge. Büroleiter haben eine Reihe von Aufgaben, die sich an den Anforderungen ihres Unternehmens orientieren.

Die Positionen im Büromanagement können je nach Branche variieren, die grundlegenden Aufgaben dieser Manager sind jedoch oft relativ ähnlich. Büroleiter haben manchmal die Befugnis, Personal einzustellen, zu entlassen, zu schulen und zu befördern. Darüber hinaus überwachen sie den effizienten Ablauf der Verwaltungsfunktionen eines Unternehmens, stellen sicher, dass die erforderlichen Materialien verfügbar sind, und überprüfen, ob sich die Bürogeräte in gutem Betriebszustand befinden.

Machen Sie Ihr Büro zu einem positiven Arbeitsplatz

Die Fähigkeit und Motivation Ihrer Mitarbeiter, gute Arbeit zu leisten, wird durch die physische Umgebung bestimmt, in der sie arbeiten. Unsere Umgebung hat einen großen Einfluss auf uns als Menschen. Wir füllen unsere Häuser mit Souvenirs und Artefakten, die uns inspirieren oder uns ein gutes Gefühl geben. Um uns „zu Hause" zu fühlen, schmücken wir unsere Autos und Arbeitsumgebungen.

Ähnliche Anstrengungen werden auch an Gewerbestandorten unternommen, um eine gewisse Atmosphäre aufrechtzuerhalten. Während Stadien und Musikhallen optisch anregend gestaltet sind, sollen Hotels und Spas Komfort und

Ruhe fördern. Während Restaurants dunkel, romantisch, jung oder gemütlich sein können, wirken medizinische Einrichtungen makellos und zeitgemäß.

Allerdings reicht die Ästhetik allein nicht aus, um die Ziele oder die Stimmung einer Umgebung zu vermitteln. Es ist auch wichtig zu berücksichtigen, wie sich die Menschen untereinander verhalten, wie der Raum organisiert und eingerichtet ist, wie gut die einzelnen Personen dort abschneiden und wie respektvoll die Atmosphäre ist. Der schlechte Kundenservice der Hotelangestellten lässt sich nicht durch attraktive Kunstwerke an den Wänden kaschieren. Wenn die Tische schmutzig sind oder der Essbereich überfüllt und eng ist, werden die Gäste den Versuch eines Restaurants, eine gemütliche und ruhige Atmosphäre zu schaffen, nicht zu schätzen wissen. Die Umwelt ist wichtig.

Erlernen von Büromanagementtechniken

Diese Personen, manchmal auch Büropersonal, Koordinatoren und/oder Leiter des Bürobetriebs genannt, sind oft die ersten Personen, mit denen jemand innerhalb oder außerhalb des Unternehmens Kontakt aufnimmt. Ihre Aufgaben sind vielfältig und reichen von der Unterstützung bei der Einarbeitung neuer Mitarbeiter über die Förderung eines gesunden Arbeitsumfelds bis hin zur Tätigkeit als Assistent der Geschäftsleitung.

Die Arbeitsbelastung eines Büroleiters nimmt dadurch schnell zu. Sie müssen nicht nur die Nützlichkeit und Anpassungsfähigkeit der Büroräume wahren, sondern auch die Maßnahmen der Mitarbeiter, Reisen, Fristen und eine lange Liste anderer Dinge verwalten. An die Position eines Büroleiters werden viele Erwartungen gestellt, und viele Mitarbeiter haben unterschiedliche Vorstellungen davon, was dieser Manager wirklich tun sollte.

Der Beruf eines Büroleiters ist unglaublich erfüllend, weil man die Erwartungen anderer an einen übertreffen kann. Möglicherweise übernehmen Sie persönliche Verantwortung für den Erfolg einer Organisation und ihrer Mitarbeiter und tragen wesentlich zum Erfolg bei.

Während viele dieser Standorte kundenorientiert gestaltet werden, sollte der Arbeitsplatz auch die Vorlieben und Anforderungen der Mitarbeiter berücksichtigen. Aufgrund ihres Komforts und ihrer Zufriedenheit ist es wahrscheinlicher, dass Mitarbeiter effizient arbeiten und einen qualitativ hochwertigen Service bieten, was Ihren Kunden gefallen wird. Drei wesentliche Änderungen, die Sie an der Arbeitsumgebung vornehmen können, werden die Leistung und Freude der Mitarbeiter fördern.

Was ist im Büromanagement entscheidend?

Büromanagement ist von entscheidender Bedeutung, da es die Produktivität Ihrer Mitarbeiter steigern, Ihnen helfen kann, Ihre

Arbeitszeit besser zu nutzen und die Qualität der von Ihrem Unternehmen geleisteten Arbeit steigert. Sie können Ihre administrativen Fähigkeiten verbessern, ein positives Arbeitsumfeld fördern und die Arbeitsmoral Ihrer Mitarbeiter steigern, indem Sie effektive Ideen und Verfahren für die Büroverwaltung anwenden.

Bereiten Sie den Bereich vor.

Die Organisation Ihres Arbeitsplatzes kann die Teamproduktivität steigern und eine produktive Arbeitsatmosphäre fördern. Es gibt verschiedene Möglichkeiten, Ihren Arbeitsplatz einzurichten, darunter:

- Einrichtung ausgewiesener Arbeitsbereiche für das Personal

- Aktualisierung der Anmeldeverfahren für Unternehmen
- Anbringen von Etiketten an Fächern, Schubladen und Regalen
- Sortieren der Projektmaterialien nach Fertigstellung in Aufbewahrungsboxen und Ordner
- Notieren Sie sich die Vorräte, die Sie auffüllen müssen, z. B. Hefter und Druckertinte.

Wenn Sie versuchen, ein positives Arbeitsumfeld zu schaffen, kann die Reinigung Ihrer Büroräume ebenfalls sehr nützlich sein. Erwägen Sie die Erstellung eines Plans, der Sie und Ihr Team daran erinnert, bestimmte Bereiche des Arbeitsplatzes während des Arbeitstages zu reinigen. Sie könnten beispielsweise montags den Pausenraum entstauben und reinigen und donnerstags die Post neu ordnen und sortieren. Durch die Aufrechterhaltung eines sauberen Arbeitsplatzes kann die Produktivität der Mitarbeiter gesteigert und Ablenkungen verringert werden.

Anstatt zu reagieren, bereiten Sie sich vor.

Der Tag wird reibungsloser verlaufen, wenn Sie sich die Zeit nehmen, sich darauf vorzubereiten, anstatt spontan auf Situationen zu reagieren, sobald diese entstehen. Wenn Sie Pläne für den nächsten Tag machen, können Sie Ihre Aktivitäten besser priorisieren und einen Teil des Stresses und der Unsicherheit reduzieren, die mit dem Alltag einhergehen.

Pflegen Sie aktuelle Aufzeichnungen

Das Aufbewahren aktueller Geschäftsdokumente kann ein wichtiger Bestandteil der Führung Ihres Büros sein. Ihr Büro kann Zeit sparen und Ihrem Team helfen, effizienter zu arbeiten, indem es die Kontaktdaten der Kunden im Auge behält, Zahlungsinformationen aktualisiert und notiert, wann Ihre Mitarbeiter zuvor Kunden kontaktiert haben.

Beispielsweise kann es für einen Vertriebsmitarbeiter von Vorteil sein, sich die Kontaktdaten eines neuen Kunden und die Art der Interaktion zu notieren und festzustellen, ob Ihr Team in Zukunft erneut mit dem Kunden in Kontakt treten muss. Der Verkäufer kann die Details aufzeichnen, damit ein anderer Mitarbeiter nicht noch einmal denselben Kunden anrufen muss, wenn der Chat gut verlaufen ist und der Kunde bereits darüber nachdenkt, bei Ihrem Unternehmen einzukaufen.

Der am besten organisierte Mitarbeiter des Unternehmens sein

Aus gutem Grund stehen Organisations- und Zeitmanagementfähigkeiten ganz oben auf der Liste. Es geht über die bloße Entwicklung eines neuen Dateisystems hinaus. Ein Büroleiter muss neben seinem eigenen auch den Zeitplan aller Beteiligten kennen. Die Position erfordert die Balance zwischen täglichen Abläufen und langfristigen Unternehmensstrategien, Drittanbietern und Mitarbeitern. Fehlt es an organisatorischen

Fähigkeiten, häuft sich schnell die Arbeit.

Erstellen Sie eine für Sie effektive Ablagemethode.

Auch wenn der Großteil der Ablage inzwischen digital erfolgt, muss man dennoch den Überblick darüber behalten, was wo aufbewahrt wird. Wenn das webbasierte System verwirrend ist, entwickeln Sie ein besseres Ablagesystem und implementieren Sie es. Um sicherzustellen, dass alle ordnungsgemäß einreichen, stellen Sie sicher, dass auch andere mit der Methode vertraut sind.

Schaffen Sie offene Kommunikationskanäle

Sicherlich kommen Ihre Kollegen mit den unterschiedlichsten Anforderungen, Anfragen oder Bitten auf Sie als Büroleiter zu. Sie müssen effektive Kommunikationskanäle einrichten, um diese Anfragen schnell entgegenzunehmen und zu bearbeiten.

Sorgen Sie für einen aufgeräumten und organisierten Posteingang. Wenn Sie E-Mails ignorieren oder Dinge unvollständig lassen, kann dies zu großer Desorganisation und fehlenden E-Mails führen. Versuchen Sie immer, Ihren Posteingang so ordentlich wie möglich zu halten. Machen Sie Ihren Mitarbeitern deutlich, wie sie Ihnen Fragen stellen oder Vorschläge machen dürfen. Natürlich kann eine einfache Anfrage wie „Wo sind die zusätzlichen Stifte?" persönlich gestellt werden, größere Anfragen müssen jedoch immer schriftlich erfolgen. Damit schaffen Sie eine

Akte und stellen sicher, dass nichts vergessen wird. Legen Sie Regeln fest, wie Sie am Arbeitsplatz erreicht werden können, unabhängig davon, ob Sie Slack, E-Mail oder einen anderen Kanal für die Kommunikation mit Ihren Kollegen bevorzugen.

Möglicherweise müssen Sie sich etwas Zeit nehmen, um nicht mehr auf Anfragen von Kollegen zu reagieren, während wir uns mit dem Thema Kommunikation befassen. Konzentrieren Sie sich auf Ihre wichtige Arbeit und kümmern Sie sich anschließend um alle neuen Anfragen. Machen Sie Ihre Pflichten und Position deutlich, wenn jemand eine Anfrage stellt, die Sie nicht sofort oder überhaupt nicht erfüllen können. Es ist in Ordnung, die Arbeit abzulehnen oder einer anderen Person zuzuweisen, wenn dies nicht in Ihrer Verantwortung liegt.

Verwirklichen Sie die entsprechende Ästhetik

Es gibt verschiedene Möglichkeiten, wie Sie das Erscheinungsbild und die Atmosphäre Ihres Arbeitsplatzes beeinflussen können, auch wenn die Designentscheidungen möglicherweise nicht ganz Ihre eigenen Entscheidungen sind. Es ist eine hohe Kunst, einen Arbeitsplatz zu schaffen, an dem sich alle wohlfühlen – vom Platzieren frischer Blumen an der Rezeption oder dem Bitten um einen Wechsel des flackernden Lichts bis hin zu alltäglichen Handlungen wie dem Zurücksetzen von Besprechungsräumen in ihren ursprünglichen Zustand und dem Aufhängen von Kunstwerken an den Wänden. Lassen Sie sich vom Ruf Ihres Unternehmens und der Art der Arbeit, die Ihre Mitarbeiter leisten, inspirieren.

Wenn Ihre Marke originell und disruptiv ist und Sie viel kreative Arbeit leisten, verwenden Sie kräftigere Farben, modernes Dekor und inspirierende Details. Erwägen Sie einen minimalistischen Ansatz mit gedämpften Tönen und weniger visuellen Ablenkungen, wenn Ihr Arbeitsplatz ruhig ist und Sie einen kontemplativen und fleißigen Job ausüben.

Planungsfähigkeiten

Büroleiter sollten von Natur aus gut planen können. Zu Ihren Planungsaufgaben gehören alles von der Organisation von

Bürobesprechungen bis zur Zuweisung von Aufgaben. Organisierte Planung ist eine entscheidende Fähigkeit, die jeder hervorragende Büroleiter besitzen sollte, von der Planung langfristiger Unternehmensabläufe bis hin zur effektiven Erledigung täglicher Aufgaben.

Fähigkeit zu verwalten

Verwaltungskenntnisse sollten für einen Büroleiter selbstverständlich sein. Es besteht eine hohe Wahrscheinlichkeit, dass Sie bereits zuvor Verwaltungsaufgaben innehatten, bevor Sie zum Büroleiter aufstiegen. In diesen Rollen haben Sie ein grundlegendes Maß an Verwaltungsfähigkeiten entwickelt und werden dies auch weiterhin tun, während Sie sich an Ihren neuen Job als Büroleiter gewöhnen. Sie sind verantwortlich für die Pflege und Weiterentwicklung der Unternehmenskultur sowie für andere Personalaufgaben, einschließlich der Beurteilung der Mitarbeiterleistung. Darüber hinaus sind Sie für verschiedene Verwaltungstätigkeiten innerhalb der Organisation verantwortlich.

Führungspotential

Die wichtigste Fähigkeit, die ein Manager braucht, ist Führung; Manche Menschen besitzen es von Natur aus, andere nicht. Entweder führen Sie Ihr Team und sich selbst blind in die Katastrophe, oder Sie können ein hervorragender Anführer sein.

Es gibt viele verschiedene Formen und Größen von Führung. In einem

Geschäftsreiseunternehmen wie Travel Perk sind Sie möglicherweise für die Verwaltung der Aufgaben von über 100 Mitarbeitern verantwortlich oder arbeiten in einem kleinen Team von sechs Personen. Es kommt darauf an, Verantwortung für jeden zu übernehmen, der für Sie arbeitet, egal wie viele Mitarbeiter es sind.

Effektive Aufgabendelegation

Es ist wichtig zu delegieren. Wenn es um die Zuweisung von Aufgaben geht, neigen viele Manager dazu, den Großteil davon sich selbst oder insbesondere einem oder zwei Mitarbeitern zu übertragen, was sowohl ihnen selbst als auch dem Rest des Büroteams gegenüber unfair ist.

Entscheidend ist, Prioritäten zu setzen, was getan werden muss, und dann die Kontrolle abzugeben. Es liegt ein Problem vor, wenn Sie es nicht erreichen können. Die Arbeit des Managers kann überlastet sein und er kann in anderen Bereichen möglicherweise nicht effektiv arbeiten, wenn er nicht in der Lage ist, Arbeit zuzuweisen.

Planen Sie Ihre Woche.
Sie können Ihre Zeit effektiver verwalten und Ihre Aufgaben priorisieren, indem Sie einen Wochenplan erstellen. Sehen Sie sich Ihre bevorstehenden Termine, Besprechungen und andere wichtige Aufgaben an und ordnen Sie sie zu Beginn jeder Woche nach

Wichtigkeit. Verwenden Sie beim Sortieren die folgenden Kategorien:

- Als stationäre Aktivitäten gelten alle Besprechungen oder Mitarbeiterbeurteilungen mit einem festgelegten Datum. Oft haben Sie diese Aufgaben bereits vor sich, so dass es für Sie schwierig ist, sie zu ändern. Es ist von Vorteil, zuerst alle Ihre stationären Aufgaben zu erledigen und dann den Rest Ihres Arbeitspensums darum herum zu verteilen.
- Höchste Priorität: Aufgaben, die so schnell wie möglich erledigt werden müssen, normalerweise bis zum Ende der Woche oder an

bestimmten Tagen innerhalb der nächsten Woche, gelten als höchste Priorität. Wenn Sie diese Aufgaben nach ihrem Fälligkeitsdatum sortieren, können Sie sie möglicherweise in der Reihenfolge ihrer Wichtigkeit erledigen.

- Flexibel: Die letzten Aufgaben, die Sie Ihrem Kalender hinzufügen, sind oft flexible Aktivitäten. Dabei handelt es sich oft um Aufgaben, die Sie nicht bis zum Ende der Woche erledigen müssen, die aber bei einem Projekt oder einer Aufgabe hilfreich sein können, für die eine Deadline ansteht. Erwägen Sie, Ihre geplanten flexiblen

Aktivitäten auf die nächste Woche zu übertragen, wenn Sie sie nicht alle in diese Woche unterbringen können, da Sie möglicherweise mehr Zeit haben, sie abzuschließen.

Werden Sie ein Meisterkommunikator

Um in der Position eines Büroleiters erfolgreich zu sein, müssen Sie über ausgeprägte Kommunikationsfähigkeiten verfügen. Es hilft, genaue Anweisungen zu geben, Probleme zu lösen und Fehler zu vermeiden. Eine der wenigen Positionen in einem Unternehmen, die Kontakt zu allen hat, von Neueinstellungen bis hin zu C-Level-Führungskräften, ist die des Büroleiters. Stellen Sie sicher, dass Sie über ausgeprägte Kommunikationsfähigkeiten verfügen, da dies die Arbeit erheblich vereinfacht.

Seien Sie kreativ, während Sie Probleme lösen

Die Tiefe der Branchenexpertise, die ein Büroleiter im Laufe der Zeit entwickelt, ist unübertroffen. Sie sind für die Fähigkeit eines Unternehmens, die schwierigsten Momente zu überstehen, von entscheidender Bedeutung und basieren alle auf ausgeprägten Fähigkeiten zur Problemlösung. Je mehr Zeit Sie in der Position verbringen, desto mehr Dienstaltersstufen werden Sie um Hilfe bei schwierigen Personalproblemen bitten.

Allerdings endet die Problemlösung hier nicht. Einem Büroleiter wird oft die Aufgabe übertragen, einen Plan umzusetzen, ohne dass dafür finanzielle Mittel zur Verfügung stehen. Voraussetzung für die Stelle ist Ihre Fähigkeit, Ihre Ressourcen kreativ zu nutzen und trotz Hindernissen voranzukommen.

Leistung aufrechterhalten

Was nützt ein Arbeitsplatz, wenn keine Arbeit geleistet wird? Die Idee, dass die Umgebung, in der Menschen arbeiten, klar und ablenkungsfrei sein sollte und möglicherweise das genaue Gegenteil von Engagement sein sollte, war vor Jahrzehnten weit verbreitet. Die Arbeiter sollten in ihren vorgesehenen Regionen bleiben und wurden isoliert. Zum Glück haben sich die Dinge geändert. Untersuchungen zufolge arbeiten Mitarbeiter am effektivsten in Umgebungen, die für die Art der ausgeübten Arbeit geeignet sind. Der Schaffung von Räumen, in denen sich die Arbeitnehmer konzentrieren, zusammenkommen oder wohlverdiente Pausen einlegen können, sollte die gleiche Bedeutung beigemessen werden.

Fähigkeit zur Analyse

Es ist eine gute Idee, Ihre analytischen Fähigkeiten auf jeder beruflichen Ebene zu verbessern. Um Ihrem Unternehmen zum Erfolg zu verhelfen, müssen Sie als Manager in einem Büro in der Lage sein, Ineffizienzen zu erkennen und Abhilfe zu schaffen.

Computerkenntnisse

Für einen Büroleiter sind solide und nützliche Computerkenntnisse nicht nur gut, sondern auch erforderlich. Sie sollten über ausreichende Kenntnisse verfügen, um alltägliche Computeraktivitäten, einschließlich Dateneingabe, Blattvorbereitung und Präsentationsformatierung, problemlos, genau und effizient erledigen zu können. Sie werden wahrscheinlich täglich Software für die Kommunikation, Videokonferenzen und die Ausgabenberichterstattung nutzen.

Entscheidungen schnell treffen

Sind Sie in der Lage, vor Ort schnelle Entscheidungen zu treffen? Als Büroleiter gibt es mehrere Situationen, in denen eine schnelle

Reaktion erforderlich sein könnte. Beispielsweise müssen Sie sich möglicherweise mit dem Spediteur abstimmen, dessen Zeitplan mehrere große Güter vorsieht, die von der Rezeption abtransportiert werden müssen, oder Sie müssen kurzfristig eine Büroaufteilung für eine im Gebäude stattfindende Veranstaltung vereinbaren.

Es müssen Entscheidungen getroffen werden, und diese können aus unvorhergesehenen Umständen resultieren, die gerade eingetreten sind. Für einen Büroleiter kann es nützlich sein, schnelle Entscheidungen zu treffen, insbesondere in einer hektischen Umgebung.

Anpassungsfähigkeit an andere

Als Büroleiter werden Sie wahrscheinlich eine endlose To-Do-Liste haben. Selbst wenn es vorhanden ist, müssen Sie dennoch in der Lage sein, etwas Flexibilität zu bieten. Es gibt Aufträge, die bis zu einem bestimmten Datum erledigt sein müssen, und andere, die in letzter Minute anfallen und Ihre Pläne zunichte machen.

Versuchen Sie immer flexibel zu sein, wann immer Sie können, und versuchen Sie, jeden Tag so zu nehmen, wie er kommt. Da die Dinge nicht immer wie geplant verlaufen, ist es ratsam, anpassungsfähig zu sein, solange Sie können.

Aufgaben zuweisen

Das Delegieren von Aufgaben an Mitarbeiter und andere Personen kann die Effizienz und Produktion Ihres Büros verbessern und es Ihnen gleichzeitig ermöglichen, wichtige Termine einzuhalten. Erwägen Sie, ein großes Projekt in kleinere Komponenten aufzuteilen und diese an verschiedene Teammitglieder zu delegieren, wenn Sie es beispielsweise schnell fertigstellen müssen. Sie können all diese kleinen Aufgaben auf einmal erledigen, sodass Sie die Arbeit und Daten nach Abschluss in einem einzigen zusammenhängenden Dokument oder Bericht zusammenfassen können.

Kommunikativ und nahbar

Ein wesentlicher Bestandteil der Arbeit des Büroleiters ist die Kommunikation. Schließlich werden sie als eine der wichtigsten Sicht- und Innenflächen des Gebäudes dienen. Es ist wichtig, ein freundliches Wesen zu haben.

Unabhängig davon, wer er ist, muss jeder in der Lage sein, sich an die Leiterin des Arbeitsplatzes zu wenden, ohne sich eingeschüchtert zu fühlen oder den Eindruck zu erwecken, dass er sie belästigt. Aufgrund der großen Vielfalt an Persönlichkeitstypen, Verschiedenheiten, Hintergründen und vor allem der Dienstalter ist es im wahrsten Sinne des Wortes von Vorteil, ein geselliger Mensch zu sein.

Erstellen Sie Routinen

In einer Büroumgebung kann die Einrichtung von Routinen bei der Verwaltung von Arbeitsabläufen, der Entwicklung von Methoden zur Verarbeitung von Kundeninformationen und der Reaktion auf bestimmte Situationen hilfreich sein. Für eine Einzelperson oder ein Teammitglied kann es von Vorteil sein, eine feste Person zu haben, an die sie sich wenden kann, wenn sie nach Abschluss ihrer Aufgaben oder Aufgaben zusätzliche Arbeit benötigt. Sie können zur Entwicklung eines autarken Arbeitsablaufs beitragen, der es einem Team ermöglicht, den ganzen Tag über routinemäßig zu arbeiten und gleichzeitig Zeit für die Konzentration auf Ihre eigenen Aufgaben und Projekte zu gewinnen, indem Sie diese Aufgabe einem anderen Teammitglied zuweisen.

Es ist auch wichtig, Routinen zu haben, damit auch in Situationen, etwa wenn das Bürogebäude geschlossen ist oder das Unternehmensnetzwerk nicht funktionsfähig ist, Arbeit geleistet und Fristen eingehalten werden können. Starke, etablierte Routinen helfen Ihnen bei der Lösung von Problemen oder Meinungsverschiedenheiten am Arbeitsplatz, unabhängig davon, ob Sie Bürofestplatten sichern oder über ein Framework verfügen, um bei Bedarf aus der Ferne arbeiten zu können.

Sei verständnisvoll

Jeder Büroleiter muss in der Lage sein, jedes Mitglied des Teams zu verstehen und sich in ihn hineinzuversetzen. Ein Büroleiter fungiert oft als Sprachrohr der überwiegenden Mehrheit der Arbeitnehmer, da er ein integraler Bestandteil des Teams ist und die Arbeitsbedingungen jedes Einzelnen genau kennt. Um sicherzustellen, dass jeder gehört und verstanden wird, müssen Sie in der Lage sein, mit Charme und Einfühlungsvermögen zu führen.

Ein Büroleiter ist oft Mitglied in Ausschüssen für Gesundheits- oder Wohltätigkeitsinitiativen. Sie müssen in der Lage sein, Initiativen zu leiten, die Empathie erfordern, eine geschäftliche Perspektive mit Mitgefühl zu verbinden und

Erwartungen und Realität in Einklang zu bringen.

Versuchen Sie, Unterbrechungen zu begrenzen!

Als Büroleiter werden Sie sicherlich eine Unzahl von Anfragen gleichzeitig bearbeiten und gleichzeitig versuchen, Ihren täglichen Verpflichtungen nachzukommen. Ein Zeitplan kann Ihnen helfen, Ihre Zeit einzuteilen und Unterbrechungen tatsächlich zu reduzieren, da Sie zu bestimmten Zeiten, in denen Sie ihnen Ihre volle Aufmerksamkeit schenken können, besser auf sie reagieren können. Nutzen Sie unbedingt die Zeiten, in denen es Ihrer Meinung nach am ruhigsten sein wird. Schließen Sie die Tür, schalten Sie Ihr Telefon auf lautlos und bleiben Sie konzentriert.

Behalten Sie die Stimmung bei

Über das Erscheinungsbild hinaus wird das Ethos Ihres Arbeitsplatzes durch die Art und Weise bestimmt, wie Menschen miteinander umgehen, durch die Einstellungen und Perspektiven Ihres Teams und durch die Bedeutung von Leitprinzipien wie Respekt, Vertrauen und Innovation. Welche Sprache verwenden Ihre Leute bei der Unterhaltung? Welche Emotionen und Gefühle zeigen die meisten Menschen bei der Arbeit? Ist es leise oder laut? Ist es aktiv und innovativ oder streng reguliert und vorsichtig? Helfen oder behindern diese Faktoren Ihr Unternehmen?

Nachdem Ihre Umgebung berücksichtigt wurde, müssen Sie sich um zusätzliche Büromanagementaufgaben kümmern. Über ein Arbeitsauftrags- oder Ticketsystem sind Sie möglicherweise für die Verwaltung des technischen Supportpersonals, der Sicherheitsteams oder des Wartungspersonals sowohl innerhalb als auch außerhalb verantwortlich. Darüber hinaus müssen Sie möglicherweise die Wartung der Anlage mit Ihrem Vermieter oder Hausverwalter koordinieren , Bestellungen für neue Geräte aufgeben und den Überblick über Ihren Hardwarebestand behalten. Obwohl es viele Details gibt, ist eines immer gleich: Die Führung eines Büros erfordert regelmäßige Aufsicht und schnelles Handeln.

Möchten Sie den Karrierefortschritt des Teams sehen?
Während es bewundernswert ist, in der eigenen Karriere motiviert zu sein, ist es für Manager von entscheidender Bedeutung, auch auf die Karrieren ihrer Teams zu achten. Es ist von entscheidender Bedeutung, Ihre Teammitglieder mit Leidenschaft auf ihrem eigenen Karriereweg zu unterstützen, unabhängig davon, ob sie im Unternehmen bleiben, eine neue Funktion innerhalb der Organisation übernehmen oder ganz zu einem anderen Unternehmen wechseln.

Wenn die Leute Sie als einen Chef sehen, der sich um ihre Weiterentwicklung kümmert, kann das bei der Arbeit sehr erfreulich sein.

Ist Ihr Arbeitsplatz wirklich sicher?

Es ist ratsam, Ihr Gebäude vor Eindringlingen oder äußeren Gefahren zu schützen, sei es durch einen Schlüsseleingang oder ein aktives Schützensystem. Zu Ihren Aufgaben kann es gehören, Sicherheitsteams zu leiten, Überwachungskameras im Auge zu behalten oder neuen Mitarbeitern Schlüssel zu geben. Ebenso ist es von entscheidender Bedeutung, dass die Möbel und Maschinen an Ihrem Arbeitsplatz sicher genutzt werden können. Stellen Sie sicher, dass Sie an jede potenzielle Bedrohung für Ihre Einrichtung und Ihren Campus gedacht haben und eine Strategie zu deren Minimierung haben.

Versiert im Umgang mit Technik
Es ist von Vorteil zu verstehen, wie Technologie funktioniert. Sie können Probleme bekommen, wenn Sie mit einigen der grundlegenden Programmierer, einschließlich Microsoft Office und Excel, nicht vertraut sind. Für Manager ist es wichtig, dass sie sich mit Technologie und der Nutzung von Online-Plattformen auskennen.

Es ist ein Talent, das man sich aneignen kann, aber wenn Sie noch nicht wissen, wie man die Tools oder die Software verwendet, wird es wahrscheinlich etwas Übung von Ihrer Seite erfordern.

Analytisch

Zu den Aufgaben eines Managers gehört es, effektivere Methoden zur Bewältigung der anstehenden Aufgaben zu finden. Es ist wichtig, alle Bereiche Ihrer Arbeit zu identifizieren, in denen Ihre Leistung mangelhaft sein könnte, und herauszufinden, wie Sie diese beheben können.

Bei der Leitung einer Büroumgebung ist ein analytisches Auge eine nützliche Begabung. Es könnte Ihrem Unternehmen helfen, Geld zu sparen und Verbrauchern und Kunden einen besseren Service zu bieten.

Wenn Sie sich fragen: „Wie könnte das verbessert werden?" oder „Was kann getan werden, um dies effizienter zu gestalten?", Sie haben fast die Hälfte geschafft. Es ist eine gute Idee, analytische Schlagworte in Ihren Lebenslauf aufzunehmen, wenn Sie sich für eine solche Stelle bewerben. Die Begriffe „Problemlösung", „kritischer Denker" und „Optimierung" sind alle ausgezeichnete Wahlen.

Fördern Sie mehr Lernen und Wachstum

Die Arbeitsmoral und die Produktivität können gesteigert werden, indem man die Teammitglieder dazu ermutigt, sich weiterzuentwickeln, und ihnen mehr Schulungsmöglichkeiten bietet. Mitarbeiter können effizienter arbeiten und qualitativ hochwertigere Ergebnisse liefern, wenn sie die Möglichkeit erhalten, ihre beruflichen Kenntnisse und Fähigkeiten weiterzuentwickeln.

Darüber hinaus können sie dadurch in eine bessere Position für die interne Beförderung gebracht werden. Wenn Sie beispielsweise einem Marketingassistenten eine Aufgabe übertragen, bei der er Software verwenden muss, mit der er nicht vertraut ist, denken Sie darüber nach, ihm Tutorials zur Verfügung zu stellen oder einen erfahreneren Mitarbeiter zu bitten, ihm den Umgang mit dem Programm beizubringen . Sie können die Arbeit dann schneller abschließen und das Programm für spätere Aufgaben erneut nutzen.

Dies sind einige hilfreiche Tipps, mit denen Sie weitermachen können.